Authored by: Yehezqel Ben Yisrael

Contact Info:

smaccnasty@yahoo.com

(916)757-0501

Website: www.smaccnasty.com

These are the 22 characters of the
# Hebrew "alef-bet".

כיטחזוהדגבא

kaf  yud  tet  chet  zain  vav  hey  dalet  gimel  bet  alef

← Read from right to left

תשרקצפעסנמל

tav  shin  resh  kof  tzadik  pe  ain  samech  nun  mem  lamed

אִישׁ ish (man)

אֲנָשִׁים anashim (men)

# אשה

אשה isha (woman)

נשים nashim (women)

אריה aryeh (lion)

# בית bayith (house)

גן gan (garden)

# דג dag (fish)

הר har (mountain)

הרים harim (mountains)

חמור    ḥamor (donkey)

חָתוּל

ḥatul

(cat)

כלב
kelev
(dog)

כלבים kelavim (dogs)

מים mayim

(water)

נַעַל naal (shoe, sandal)

נַעֲלִים naalim (shoes)

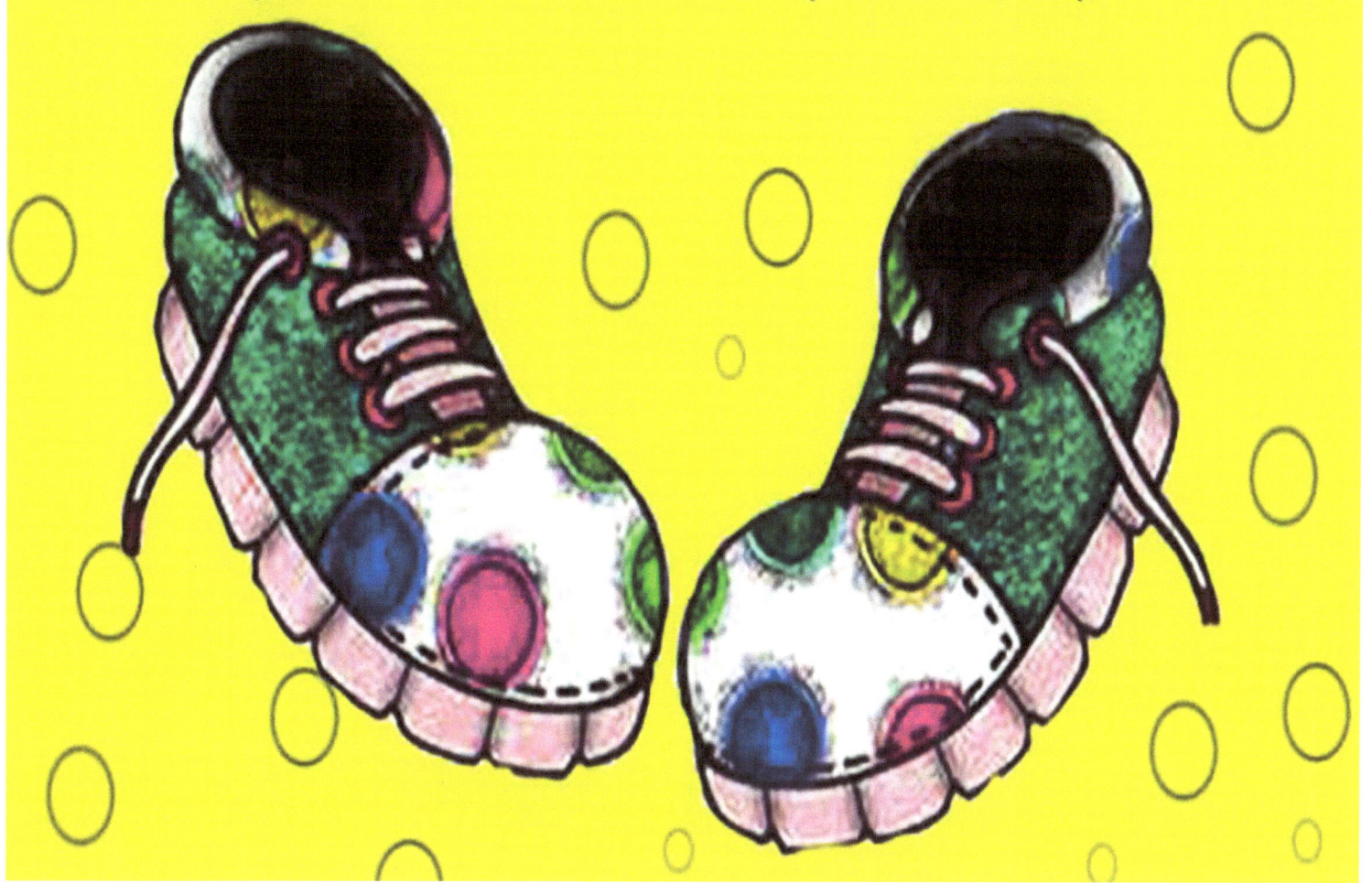

# סוס, סוסה

sus, susah
(horse, mare)

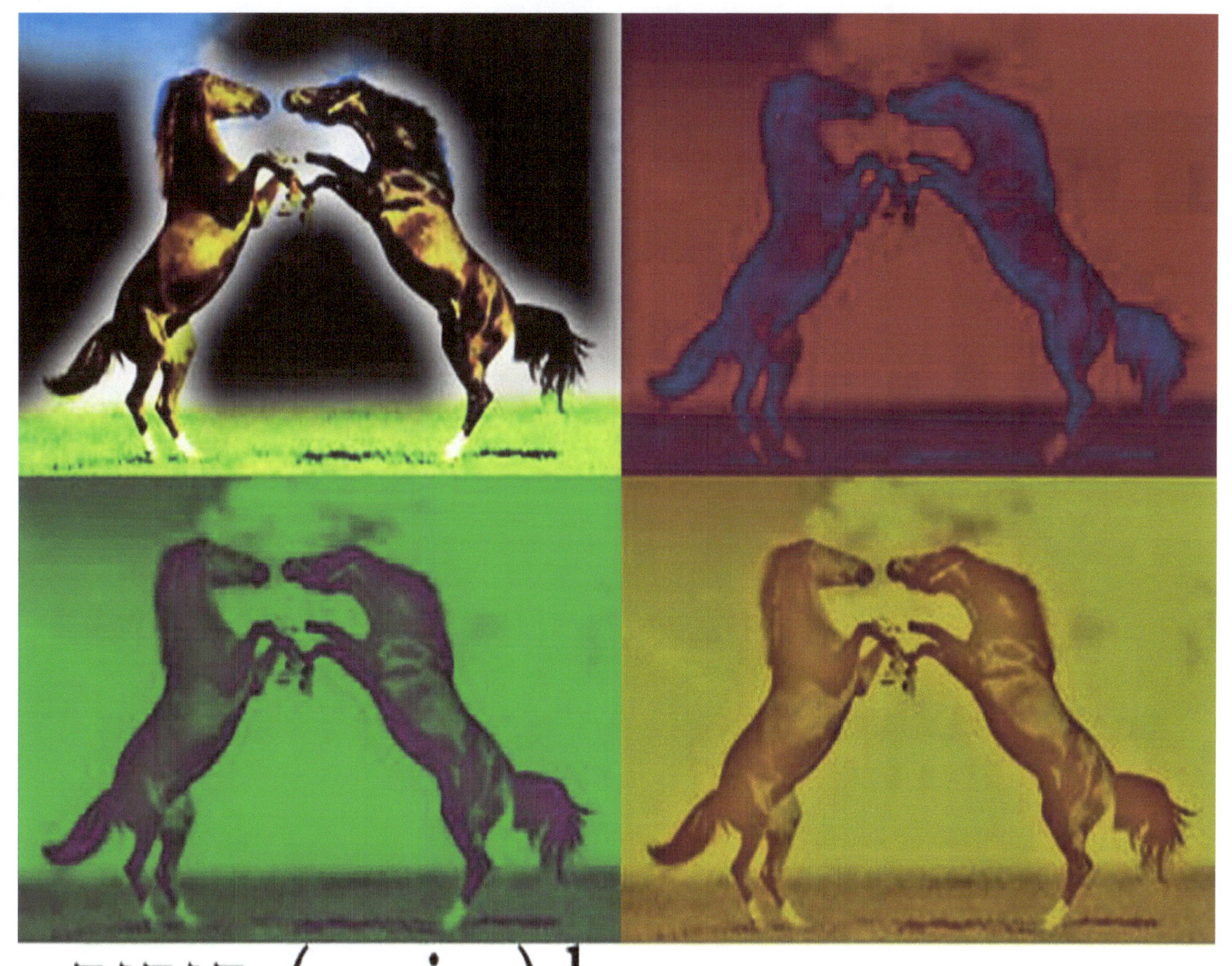

סוסים (susim) horses

סוסת (susot) mares

סוס שחור

sus shaḥor

(black horse)

סוסה שחורה

susah sheḥorah

(black mare) *feminine

עינים eynayim (eyes)

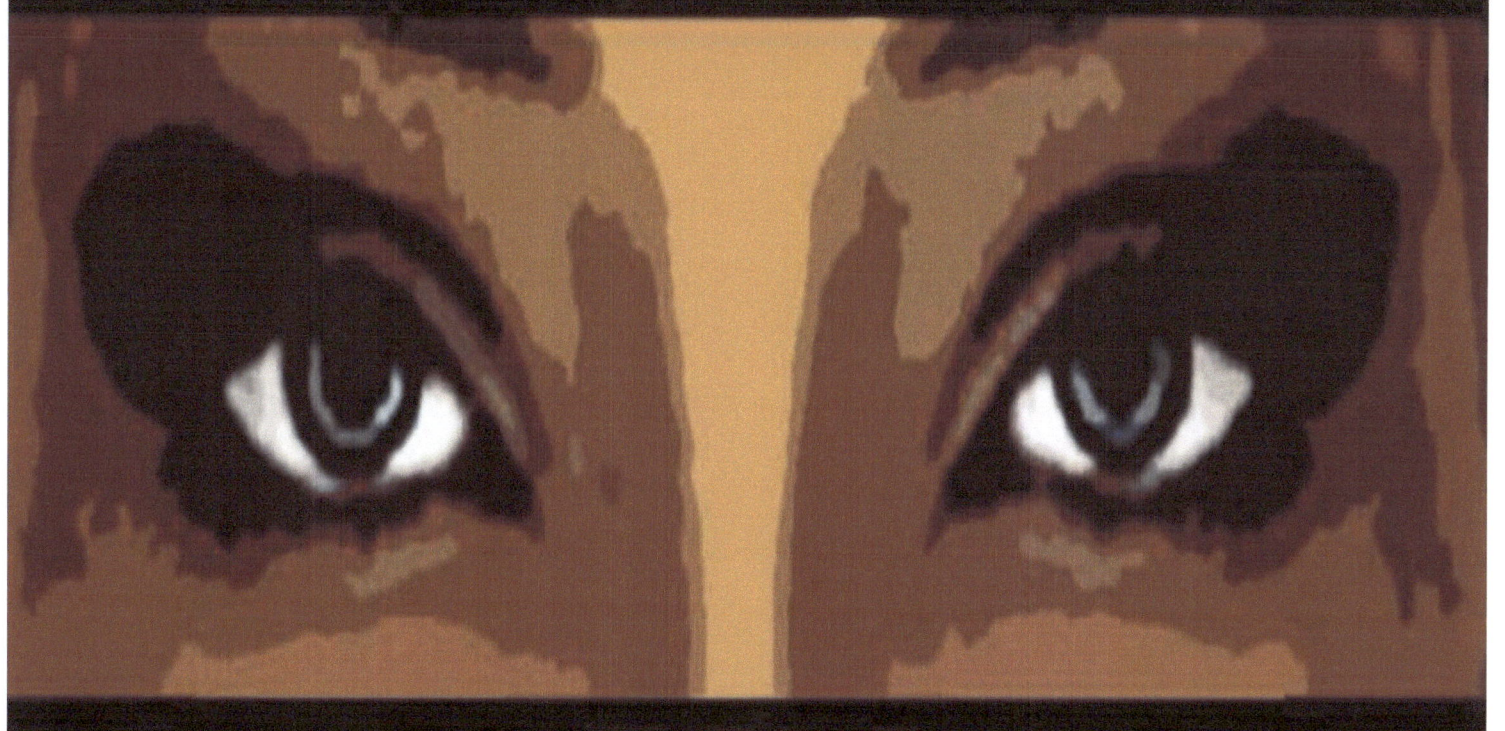

פרה parah (cow)

פרח peraḥ (blossom)

צאן tzon (sheep) כשב kesev

שֵׁן shen (tooth)

שִׁנַּיִן shinayin (teeth)

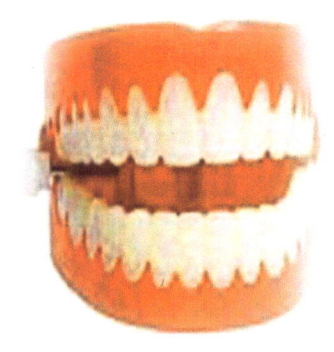
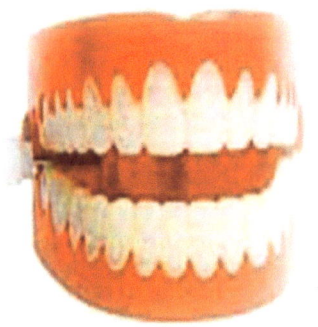
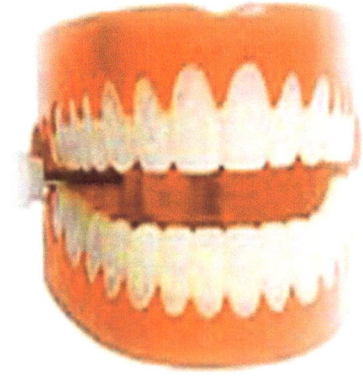
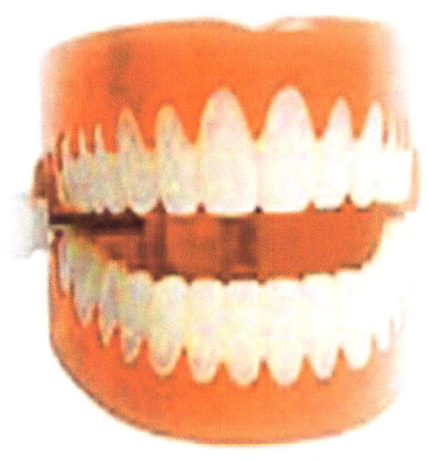
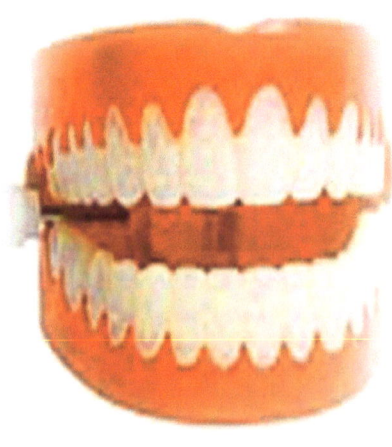

# שפתים sephatayim (lips)

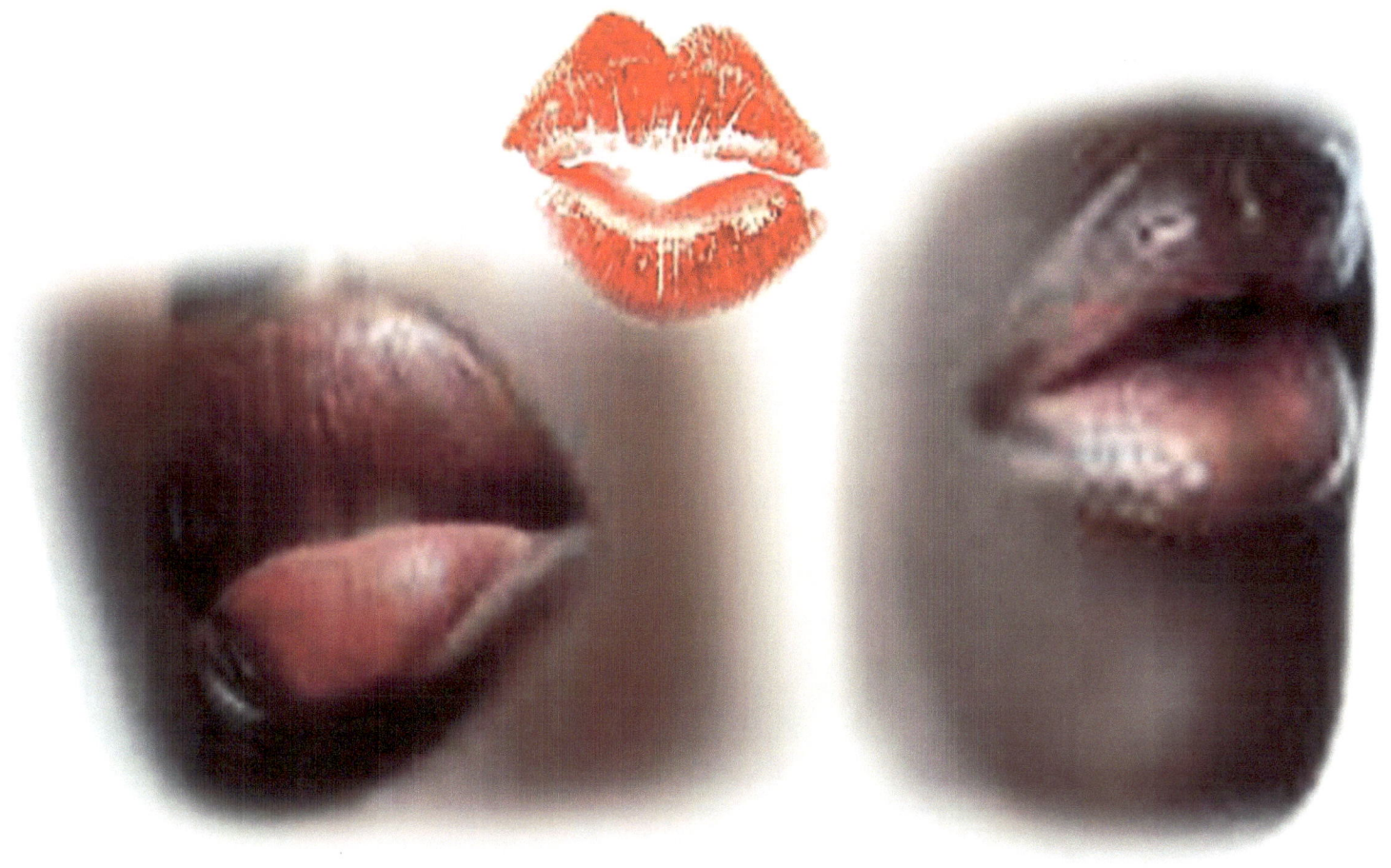

תַּפּוּחַ tapuaḥ (apple)

תַּפּוּחִים tapuḥim (apples)